인물로 보는 세계 역사

LIVE 세계사

⑨ 서아시아

천재교육

글 **권용찬**

동화, 칼럼, 만화 시나리오 등 여러 분야에서 활동하며 환상적이면서도 감동이 있는 글을 쓰고 있습니다.
주요 작품으로는 장편 소설 《셜이움》, 동화 《두두리의 모험》 등이 있으며 《만화 통째로 한국사》《만화 인물 평전》
《Why? People》《Who?》《드래곤 빌리지》 시리즈를 비롯, 여러 학습 만화의 집필에 참여했습니다.

만화 **최우빈**

학습 만화를 전문으로 그리는 '빈 스튜디오'를 이끌고 있습니다. 《그리스 로마 신화》, 《도티&잠뜰 미래과학상식》,
《도티&잠뜰 방과 후 학교》, 《바둑전쟁 신들의 게임》 등의 학습 만화 시리즈를 그렸습니다.

학습·감수 **이강무**

고려대학교 역사교육학과를 졸업했습니다. 역사교사들의 모임인 「전국 역사교사모임」 조직부장,
현장 역사교사들의 모임인 「역사 사랑」 회장 등을 역임했습니다. 지은 책으로
《청소년을 위한 세계사 서양 편》《청소년을 위한 역사 교양 시리즈》 등이 있습니다.
현재 인창 중학교에서 학생들과 역사 공부를 하고 있습니다.

LIVE 세계사 ❾ 서아시아

발행 | 2022년 1월 31일 초판 **인쇄** | 2022년 1월 20일 1쇄
발행처 | (주)천재교육
글 | 권용찬 **만화** | 최우빈 **삽화** | 이연 **학습·감수** | 이강무
편집 | 천재교육 만화사업팀 **북디자인** | Design Plus
사진 제공 | 위키피디아
신고번호 | 제2001–000018호(1980.5.28)
팩스 | 02–3282–1717
고객만족센터 | 1577–0902
주소 | 08513 서울특별시 금천구 가산로9길 54
홈페이지 | www.chunjae.co.kr

ISBN 979–11–259–7043–9 74900
ISBN 979–11–259–7034–7 74900 (세트)

인물로 보는 세계 역사
LIVE 세계사
9 서아시아

인물을 통해 알아보는 서아시아의 역사와 문화

여러분은 서아시아 하면, 무엇이 떠오르나요?

서아시아는 세계에서 가장 먼저 문명이 만들어진 곳이고,

세계 인구의 1/4이 믿는 이슬람교의 탄생지입니다.

이를 바탕으로 유럽 못지않은 다양한 문화유산을 남겼지요.

2022년에는 카타르 월드컵을 통해 뛰어난 경제력을 과시하기도 했고요.

그러나 서아시아와 이슬람 문화의 참모습을 아는 친구들이 많지 않습니다.

오히려 서아시아에 대한 나쁜 편견을 가진 사람들이 많을 정도지요.

뉴스를 통해 주로 접하게 되는 서아시아의 이야기는 대부분 여성 차별이나

극단적인 이슬람 단체의 테러 소식 등 부정적인 것이 많아서일 것입니다.

하지만 이슬람 문명은 우리의 생활 속에 의외로 깊이 들어와 있습니다.

알코올, 알칼리, 알고리즘… 놀랍게도 모두 아라비아어에서 유래된 영어 낱말들입니다.

이슬람 문명이 현대 과학과 연결되어 있음을 보여주는 예이지요. 그뿐만이 아닙니다.

오늘날 지구 어디서나 통용되는 숫자 표기는 흔히 '아라비아 숫자'라 부르는데,

이름만 봐도 알 수 있듯, 이 또한 이슬람의 찬란한 유산이자 업적이지요.

척박한 사막에서 화려한 문명을 꽃피운 이슬람!

이슬람의 나라들은 어떻게 발전해 왔으며, 오늘날은 어떤 모습일까요?

자! 그 답을 찾으러 서아시아로 떠나봅시다!

이강무
서울 인창중학교 교사

나비 효과! 연약한 나비의 날갯짓 하나가 지구 반대편에 있는 나라에 큰 태풍을 만들어 낼 수 있다는 뜻이에요. 오늘날 지구촌에 살고 있는 우리 모두가 밀접하게 서로 영향을 주고받는다는 것을 보여 주는 말이지요. 《LIVE 세계사》는 한국에서 태어났지만 세계인과 친구가 되고 함께 살아갈 여러분에게, 흥미 있는 세계사를 보여 줄 것입니다.

김태규
서울 장충고등학교 교사

《LIVE 세계사》는 어린이 혼자 읽으면서도 쏙쏙 이해되는 세계 여러 나라를 여행하는 듯한 생동감을 전해 주는 책이지요. 역사적 인물을 통해 각 나라의 역사를 살펴보며 '세계사 공부가 쉽고 재미난 것이구나!' 하는 생각을 갖게 될 거예요. 세계사와 연관된 한국사도 담겨 있어 세계 시민으로 살아가는 어린이들에게 더 넓은 세상으로 나아가는 길을 열어 주지요.

황은희
서울 창림초등학교 교사

《LIVE 세계사》는 세계 여러 나라의 역사를 중요 인물과 사건을 통해 살펴보고, 이와 관련된 주변 나라의 역사와 나아가 세계 역사 흐름을 살펴보려는 책입니다. 인물과 사건, 그리고 유적과 유물을 통해 세계는 연결되어 있고, 과거와 현재가 연결되어 있음을 알 수 있습니다. 세계 속 인물을 통해 과거와 현재 그리고 세계 곳곳을 찾아 여행을 떠나요!

왕홍식
서울 보성중학교 교사

현재 우리가 살아가는 지구에는 수많은 나라와 역사가 있어요. 그 역사 속 사람들을 알고 싶다면 《LIVE 세계사》를 읽어 보는 것은 어떨까요? 여러분이 꼭 알아 두면 좋을 인물을 중심으로 한 재미있는 만화를 읽을 수 있어요. 또 비슷한 시기 주변 국가의 이야기나 우리나라 역사와 관계있는 이야기도 있어 보다 깊이 있게 세계사를 만날 수 있을 거예요.

김현숙
서울 덕수중학교 교사

이 책의 특징

1. 여행 지도

해당 나라의 지도와 함께 수도, 언어, 기후, 국기 등 기본 정보를 알아봅니다.

2. 만화와 정보 박스

세계 역사 속 주요 인물을 재밌는 스토리와 함께 만화로 만나 봅니다. 정보 박스를 통해 놓치기 쉬운 학습 정보를 보충합니다.

3. 세계사 들여다보기 / 세계사 넓게 보기 / 세계사 깊게 보기

해당 나라에 관련된 정보를 읽고, 그 시기에 주변 나라와 우리나라는 어떤 일이 있었는지 살펴봅니다.

함무라비 왕 (?~기원전 1750년)

고대 바빌로니아 왕국의 여섯 번째 왕이에요. 주변 도시 국가들을 정복하여 메소포타미아를 통일, 바빌로니아를 거대한 제국으로 성장시켰어요. 정복한 도시들을 하나로 잇는 운하와 도로를 건설하고, 법과 제도를 정비해 나라를 공정하고 효과적으로 다스렸지요. 특히, 제국 어디서 어떤 문제가 생기더라도 왕이 직접 재판하는 것과 같게끔 해 줄 법전이 필요하다고 여겨 '함무라비 법전'을 만들었어요. 강력한 정복 군주이면서도 현명하고 인자한 왕으로, 이후 왕조가 함무라비를 본보기 삼아 나라를 다스렸어요.

인류 문명의 기틀, 메소포타미아

메소포타미아 문명은 서아시아의 티그리스강과 유프라테스강 유역인 메소포타미아 평원에서 일어난 문명이에요. 나일강 유역의 이집트 문명, 황하강 유역의 중국 문명, 인도의 인더스 문명과 더불어 세계 4대 문명 중 하나로 손꼽히지요. 이 지역은 농사짓기에 좋아서 기원전 3,000년경부터 수메르인이 정착해 살았어요. 수메르인들은 풍족한 생활을 바달시켰지요. 우르 같은 도시가 세워졌고, 이곳에 '지구라트'라 복을 빌었어요. 최초의 문자로 알려진 쐐기 문자도 이때

놀이 퀴즈

미로 찾기, 가로세로
낱말 퀴즈, 사다리 타기 등
재밌는 퍼즐을 이용해
학습한 내용을
확인해 봅니다.

문제 퀴즈

세계사와 관련된 다양한
유형의 문제를 풀면서
학습한 내용을 점검하고
교과를 비롯한 여러 가지
시험에 대비합니다.

연표

인물과 사건을 중심으로
역사의 흐름을 이해하고
같은 시기에 우리나라와
다른 나라에서 일어난
사건과 비교해 봅니다.

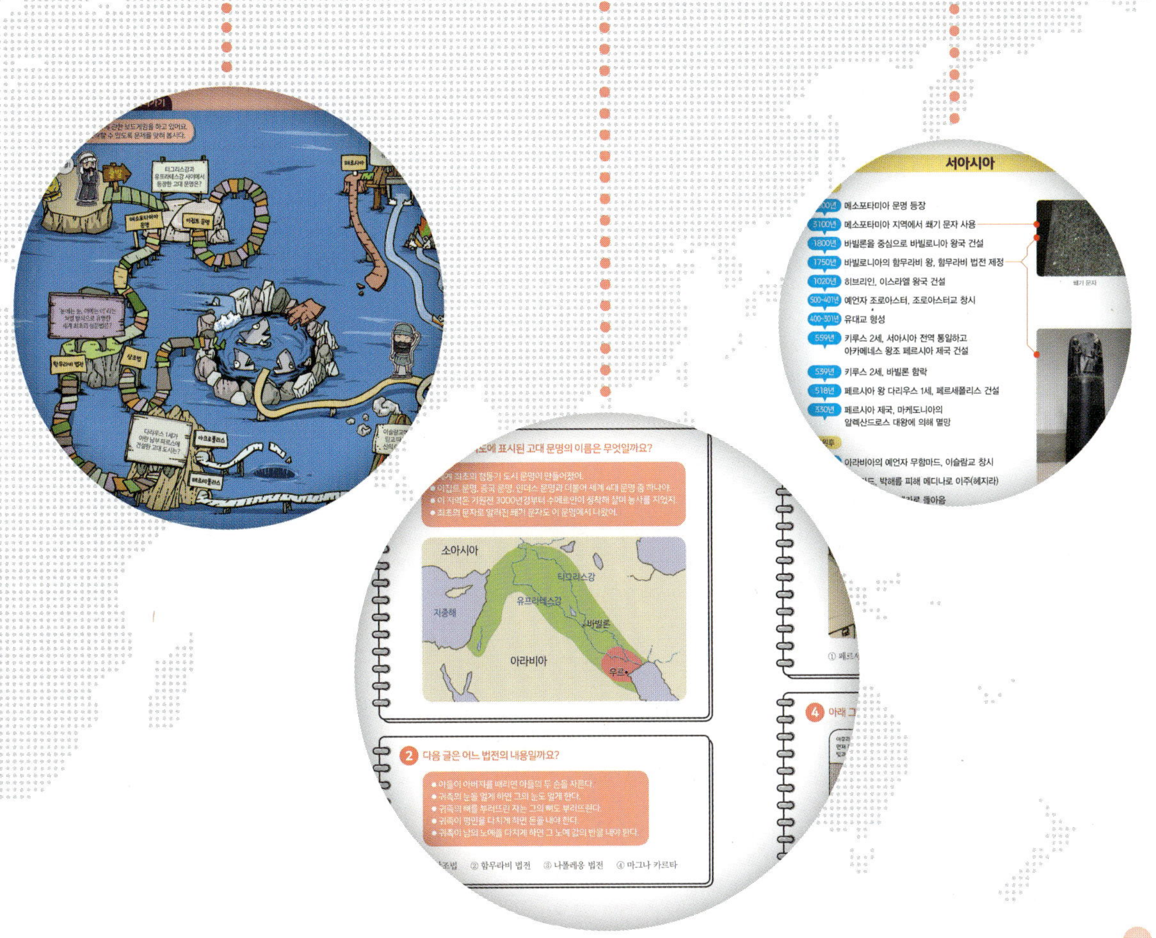

서아시아

국가

서아시아 국가는 주로 15개 나라가 손꼽히지만,
서아시아는 단지 지역을 가리키는 말이어서
구분이 명확하지는 않아요.

언어

이스라엘(히브리어)과 튀르키예(튀르키예어), 이란(페르시아어)을 제외한
나머지 국가들은 모두 아랍어를 사용해요.

지리

지중해 해안에 닿은 아시아 대륙의 서쪽 끝 지역으로,
아프리카와 유럽 대륙이 만나는 지점에 있어요.

기후

일 년 내내 비가 500㎜ 이하로 내리는 건조한 기후예요.
대부분 땅이 초원이거나 사막으로 되어 있지요.

화폐

이스라엘(셰켈), 튀르키예(리라), 아랍에미리트(디르함)를
제외한 다른 나라들은 각각 '파운드'와 '디나르', '리알'이라는
화폐 단위를 사용해요. 이름은 같지만 완전히 다른 화폐지요.

종교

유대교를 믿는 이스라엘을 제외한 모든 나라가 이슬람 국가예요.
이슬람교는 다시 수니파와 시아파로 나뉜답니다.

산업

석유 자원이 풍부해서 원유 수출이 주요 산업인 나라가 많아요.
특히 사우디아라비아는 세계에서 석유가 가장 많이 나는 나라지요.

세계 유산

긴 역사를 가진 지역답게 시리아의 다마스쿠스 구 시가지, 이란의
페르세폴리스, 튀르키예의 이스탄불 역사 지구, 예루살렘 옛 시가지와
성곽 등 수많은 도시와 고대 문명의 유적이 남아 있어요.

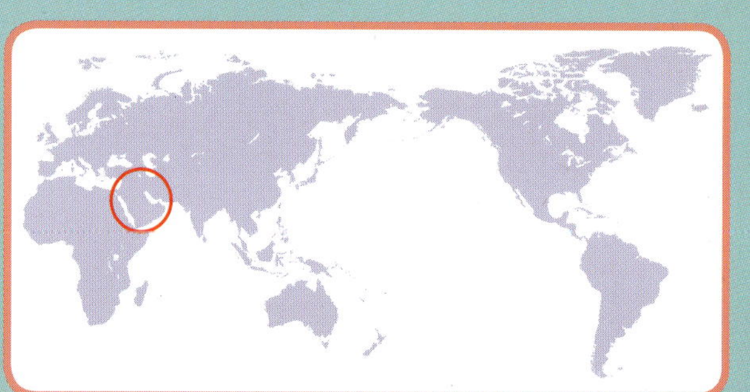

시리아
이라크
이란
쿠웨이트
바레인
사우디아라비아
카타르
아랍에미리트
메카
오만
예멘

등장인물

그루

이상한 나라의 요리사.
남을 잘 보살피지만,
음식 앞에서는 약해져요.

솔이

이상한 나라의 음악가.
악기를 잘 다루고
섬세한 감수성을 가졌어요.

버리

부지런하고
호기심이 많아요.
주변을 잘 관찰해요.

하트 공주

이상한 나라
하트 여왕의 외동딸.
자기만의 왕국을
세우려고 해요.

가로

하트 공주의 부하.
충성심이 강하지만
엉뚱한 행동으로 가끔
일을 그르치기도 해요.

세로

하트 공주의 부하.
공주의 말이라면 무조건
따르며, 눈치가 빨라
행동도 재빨라요.

함무라비 왕

바빌로니아의 왕. 법전을
제정하여 강력한 중앙 집권
왕국을 만들었어요.

다리우스 1세

아케메네스 왕조의 왕.
적극적인 정복 활동으로
대제국을 건설했어요.

무함마드

이슬람교의 창시자.
신의 계시를 받고 유일신
알라의 가르침을 전파했어요.

무아위야 1세

우마이야 왕조 초대 칼리프.
최초의 이슬람 세습 왕조를 세우고
이슬람 국가의 기초를 다졌어요.

야세르 아라파트

팔레스타인 해방 기구의 의장.
팔레스타인의 독립을 위해 애쓴
독립운동가이자 정치인이에요.

차례

이상한 나라 안내서
여기는 이상한 나라.
세상의 지식과 상상이 모여 만들어진 마법의 나라예요.
하트성
레스토랑
도서관
정원
음악관
인간, 동물, 요정, 마법사, 책 속의 인물 등 다양한 이들이 살고 있지요.

이상한 나라에서 가장 중요한 곳은 도서관이에요. 인간 세계와의 균형을 보여 주는 절대시계가 있거든요. 인간 세계가 흔들리면 여기도 무사하지 못해요.
도서관에 인간 세계로 넘어가는 시간의 문이 있다는 건 안 비밀!
껄
껄
이상한 나라는 항상 평화로워요. 가끔 하트성에 사는 공주가 말썽을 일으킬 때 빼고는요.
엄마, 미워!
너 사춘기니?
오늘은 어떤 하루가 시작될까요?
덜
덜
덜

도둑이야, 도둑!

***초침** 시계에서 초를 가리키는 바늘. 초바늘.

*자고로 예로부터 내려오면서.

*창고 물건 등을 저장하거나 보관하는 건물.

***입증** 어떤 증거 따위를 내세워 증명함.
***추적** 도망하는 사람의 뒤를 밟아서 쫓음.

고대 도시 바빌로니아

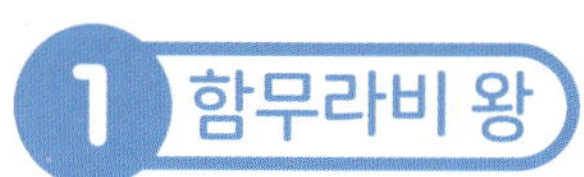

호오… 고대라기에 미개한 문화일 줄 알았는데 의외군. 예상과 완전히 달라!
이렇게 먼 옛날에 이토록 거대하고 화려한 도시가 존재했다니…!
그동안 여러 시대를 돌아다니며 많은 걸 봤지만 여긴 꽤 멋진걸?
알면 알수록 인간들은 대단하단 말이야.

공주님~!
하트 공주니임~!
어디
계세요?
도대체 어디에
계셨어요?
헉 헉
다
다
다
다
아까부터 계속
여기에 있었거든!

뭐 하면서 꾸물거렸기에 나를 5분이나 기다리게 한 거야, 앙?
죄송해요.
하지만….

짜잔~! 이걸 챙겨 왔지요.
척

마법 카드잖아? 이걸 어디서 가져왔어?
좋아하실 줄 알았어요!

바빌로니아로 넘어오기 직전에 창고 문이 열린 걸 발견했거든요.
지키는 사람도 없기에 슬~쩍 들어가 봤죠.
들어가자마자 이게 딱 보이지 뭐예요! 그래서 슬~쩍! 했죠.

*허술하다 치밀하지 못하고 엉성하여 빈틈이 있다.

*대령 미리 준비해 놓고 기다림.

*버르장머리 '버릇'을 속되게 이르는 말.

*문명 원시 시대와 비교해 인류가 이룩한 세련된 발전의 모습.
*발상지 역사적으로 큰 가치가 있는 어떤 일이나 사물이 처음 나타난 곳.

***수레** 바퀴를 달아서 굴러가게 만든 기구.

*물물 교환 돈으로 사고팔지 않고 직접 물건과 물건을 바꾸는 일.
*화폐 상품과 교환하는 수단으로 사용하는 동전이나 지폐 등의 돈.

글자 같은데…
뭐라고 쓴 거지?
아아~ 그렇게
된 거였군.
갸웃
반짝

오! 솔이 넌
이걸 읽을 수
있어?
아니. 그냥
아는 척해 봤어.
에휴.

하지만 이게
쐐기 문자라는 건
알아.
그러고 보니
글자 모양이 쐐기처럼
생기긴 했어.
쐐기? 나무나 돌을
쪼갤 때 사용하는
도구 말이야?

웅성
웅성
웅성
점토판이나
나무에 글자를
꾹꾹 눌러 새겨서
기록하지.
'설형 문자'라고
부르기도 하는데, 고대
수메르인들이 사용했던
글자라고 해.

***까막눈** 글을 읽을 줄 모르는 무식한 사람의 눈.
***신분제** 신분 제도. 법으로 사람마다 계급이 정해져 있는 것.

***교환하다** 어떤 물건이나 돈, 일 등을 다른 사람에게 주고 그 가격만큼 다른 것을 얻다.

***다짜고짜** 앞뒤 상황이나 사정을 알아보지 않고 단박에 들이덤벼서.
***철면피(33쪽)** 염치가 없고 뻔뻔스러운 사람.

***순발력** 순간적으로 판단하여 말하거나 행동하는 능력.

*심판 어떤 문제나 사람에 대하여 잘잘못을 가려 결정 내리는 일.
*합당하다 어떤 기준, 조건, 용도, 도리 따위에 꼭 알맞다.

함무라비 왕 (?~기원전 1750년)

고대 바빌로니아 왕국의 여섯 번째 왕이에요. 주변 도시 국가들을 정복하여 메소포타미아를 통일, 바빌로니아를 거대한 제국으로 성장시켰어요. 정복한 도시들을 하나로 잇는 운하와 도로를 건설하고, 법과 제도를 정비해 나라를 공정하고 효과적으로 다스렸지요. 특히, 제국 어디서 어떤 문제가 생기더라도 왕이 직접 재판하는 것과 같게끔 해 줄 법전이 필요하다고 여겨 '함무라비 법전'을 만들었어요. 강력한 정복 군주이면서도 현명하고 인자한 왕으로, 이후 여러 왕조가 함무라비를 본보기 삼아 나라를 다스렸어요.

*실토 거짓 없이 사실대로 다 말함.
*공정 공평하고 올바름.

***배상** 남의 권리를 침해한 사람이 그 손해를 물어 주는 일.

***속수무책** 손을 묶은 것처럼 어찌할 도리가 없어 꼼짝 못 함.
***자투리** 어떤 기준에 미치지 못할 정도로 작거나 적은 조각.

*색다르다 같은 종류에 속하는 보통의 것과 다른 특색이 있다.

달걀 이만큼을 염소와 바꿀 수 있을까요?
두 마리가 적당하겠군.
메~
여기에 아까 네가 만든 음식의 조리법을 알려 주면 열… 아니, 아홉 마리까지 쳐주마.

왜 열 마리라고 말했다가 아홉 마리로 바꾸시는 거죠?
윽!
그새 그걸 들었냐?

그래 좋다. 열 마리 쳐주마.
야호!

하나, 둘, 셋…
열 마리 맞습니다.
1,2,3
메 에
메~
메~
메~
좋다, 이제 너흰 자유의 몸이다.
휴
우~

*연회 축하, 위로, 환영, 이별을 맞이해 여러 사람이 모여 베푸는 잔치.

삐 릴 리 ~
삐릴
리
삐빅 삐빅
삐빅
처음 보는 악기인데 무척 귀엽고 사랑스러운 소리가 나요.
절로 리듬을 타게 되는군.
어머 어머 어머! 이런 맛 처음이야! 완전 내 취향!
도대체 무슨 재료를 넣었기에 이런 맛이 나지?
와구
와구
천천히 드세요, 음식은 많아요!

대왕께서 찾으신다. 어서 가 봐.
함무라비 대왕님이 우리를…?

하트 공주가 함무라비 대왕을 노리지 않을까?
동감이야. 경계를 늦추지 말자.
휙

훌륭한 연주와 맛있는 음식 덕분에 연회가 성공적으로 끝났구나.
특별한 연회를 꾸며 줘서 고맙다. 사실 오늘은 아주 기쁜 날이란다.
두
웅
이 사람이 그 유명한 함무라비 대왕!
엄청난 카리스마다!

*비석 기록될 만큼 중요한 일을 기념하기 위하여 돌에 글을 새겨 놓은 것.

*성문법 문자로 적어 표현하고, 문서의 형식을 갖춘 법.
*해 손상을 입히거나 그런 것.

*유가족 죽은 사람의 남은 가족.
*책임감 맡아서 해야 할 임무나 의무를 중히 여기는 마음.

즉, 사회가 유지되려면 엄격한 법이 필요하다!
바빌로니아에서는 귀족도 예외가 될 수 없을 것이다!
감
동

흠흠… 자랑은 여기까지 하지.
크크, 실컷 다 하셨으면서!

왕이시여, 모든 준비가 끝났습니다. 어서 신호를….
좋다, 비석의 가림막을 벗겨라!
흠칫
번쩍
앗!

*후대인 뒤에 오는 세대나 시대를 살아가는 사람
*용케 '용하게(용하다)'의 줄임말. 재주가 뛰어나고 특이하다.

으앗! 저 녀석들, 감옥에서 어떻게 빠져나왔죠?
네가 그걸 나한테 물으면 어떡해?
휙
휙
공주님, 지금은 함무라비 대왕부터 납치하시죠!

안 돼요! 그러면 법전도 사라져 버린다고요!
근데?

바빌로니아가 *무법천지가 되면 좋겠어요?
알 게 뭐야.

맞아, 하트 공주도 어쩌지 못한다고.
그루야, 안심해. 마법 카드는 지금 내 손에 있어.

*무법천지(48쪽) 법이나 제도가 확립되지 않고 질서가 문란한 세상.

인류 문명의 기틀, 메소포타미아 문명

메소포타미아 문명은 서아시아의 티그리스강과 유프라테스강 유역인 메소포타미아 평원에서 일어난 문명이에요. 나일강 유역의 이집트 문명, 황하강 유역의 중국 문명, 인도의 인더스 문명과 더불어 세계 4대 문명 중 하나로 손꼽히지요. 이 지역은 농사짓기에 좋아서 기원전 3,000년경

부터 수메르인이 정착해 살았어요. 수메르인들은 풍족한 생활을 바탕으로 다채로운 문명을 발달시켰지요. 우르 같은 도시가 세워졌고, 이곳에 '지구라트'라는 웅장한 신전을 지어 신에게 행복을 빌었어요. 최초의 문자로 알려진 쐐기 문자도 이때 사용한 것입니다.

퀴즈 쐐기 문자를 사용한 고대 문명은?
① 메소포타미아 문명   ② 외계 문명

함무라비 왕, 법전을 만들다

함무라비 법전은 고대 바빌로니아 제1왕조 제6대 왕인 함무라비가 반포한 성문법이에요.
성문법은 '문자로 표현하고, 문서의 형식을 갖춘' 법을 뜻해요. 메소포타미아 지역에서 쓰이던
아카드어가 쐐기 문자로 높이 2.25m 높이의 돌기둥에 새겨져 있지요. 전문·후문과 282조의
규정으로 되어 있는데, 내용은 주로 농업과 상업과 노예 제도에 관한 것이라고 해요.
특히 눈에 띄는 부분은 '눈에는 눈, 이에는 이'라는 복수를 기본으로 하는 처벌 방식이지요.
1901년에 프랑스 탐험대가 발견하여 현재 프랑스 루브르 박물관에 보관되어 있어요.

함무라비 법전의 내용

195조 아들이 아버지를 때리면 아들의 두 손을 자른다.

196조 귀족의 눈을 멀게 하면 그의 눈도 멀게 한다.

197조 귀족의 뼈를 부러뜨린 자는 그의 뼈도 부러뜨린다.

198조 귀족이 평민을 다치게 하면 돈을 내야 한다.

199조 귀족이 남의 노예를 다치게 하면 그 노예 값의 반을 내야 한다.

함무라비 법전 비석
비석 윗부분에는 함무라비 왕이 태양신으로부터 반지와 긴 막대기를 받는 모습이 조각되어 있고, 아래쪽에는 법률이 쐐기 문자로 새겨져 있다.

이스라엘 왕국과 유대교의 등장

기원전 2,000년 무렵, 이스라엘 사람들의 조상인 헤브라이 인들이 메소포타미아에서 지금의 팔레스타인 지역인 가나안으로 건너왔어요. 민족을 이끈 지도자 모세의 가르침에 따라 유일신 여호와를 섬기던 이들은 기원전 1,000년에 자신들의 나라인 이스라엘 왕국을 세우지요. 유대인들은 자신들은 신에게 특별히 선택받은 민족이며, 언젠가는 구세주가 나타나 현재 처한 역경으로부터 자신들을 구제해 줄 것이라고 믿었어요. 이러한 믿음은 곧 신앙으로 발전했는데, 이것이 바로 유대교입니다. 유대교는 이후 가톨릭과 이슬람교의 바탕이 되었어요.

퀴즈 여호와를 유일신으로 여기는 유대인들의 종교는?
① 유대교　② 불교

고조선의 8조법

우리 역사 최초의 국가인 고조선에도 함무라비 법전처럼 사회 질서를 유지하기 위한 지엄한
법률이 존재했어요. '8조법'이 그것인데, 현재는 아쉽게도 세 개의 조항만 전해지고 있답니다.
그러나 이 세 개 조항만으로도 고조선이 어떤 나라였는지 꽤 많은 부분을 추측할 수 있어요.
먼저, 고조선은 엄격한 법에 따라 사회 질서가 유지되었으며 사람의 생명을 중요하게 여겼다는
것을 알 수 있어요. 또한 죄를 곡식으로 보상하는 것으로 보아 사람들은 주로 농사를 지었고,
개인의 재산이 인정된다는 것도 짐작할 수 있지요. 신분이 나뉜 사회라는 것도 알 수 있습니다.

고조선 8조법

一 남을 죽인 사람은 사형에 처한다.

二 남을 때려 다치게 한 사람은 곡식으로 보상한다.

三 남의 물건을 훔친 사람은 그 물건 주인집의 노예가 되어야 한다.
　　만약 풀려나려면 50만 전을 내야 한다.

⋮

<반고, 한서지리지>

다리우스 1세의 도전

***사칭** 이름, 직업, 나이, 주소 따위를 거짓으로 속이는 것.
***처단** 결단을 내려 처치하거나 처분함.

내막을 모르는 사람들은 여전히 가우마타를 정통 계승자로 여기며 저에게 ※반기를 들고 있습니다!
꽉

하루빨리 이 혼란을 잠재울 수 있도록 제게 힘을 주십시오!
휙
무지한 저들에게 부디 신의 정의를 보여 주십시오!

저에게 힘을 주십시오! 아후라 마즈다시여!

*반기(56쪽) 반대의 뜻을 나타내는 행동이나 표시.
*계시 사람의 지혜로써는 알 수 없는 진리를 신이 가르쳐 줌.

!
으헉

으아악

거대한 괴물이 우릴 삼켰다가 '퉤!' 하고 다시 뱉는 느낌이야.
이제부터 시간의 '문'이 아니라, 시간의 '입'이라고 불러야겠어.

58

힘들지만 어서 정신 차리자.
공주의 흔적이 남아 있을 때….

제 기도를 들어주셨군요!
누구지?
어?

쳇! 벌써 사라졌어! 도망치는 솜씨 하나는 정말 기막히다니까!

아후라 마즈다시여!
결국 제 기도에 *응답하셨군요!
뭐야, 왜 저래?
무서워.

***사자** 명령이나 부탁을 받고 심부름하는 사람.
***착각** 어떤 사물이나 사실을 실제와 다르게 알거나 생각함.

아후라 마즈다님께서 이렇게 어린 사자들을 보내실 줄은 몰랐네요, 하하하!
일단 저를 따라오세요.
죄송한데, 저흰 정말 신이나 신의 사자가 아니에요.

아후라 마즈다가 누구야?
조로아스터교에서 섬기는 신이야.

조로아스터교는 고대 페르시아의 예언가 조로아스터가 만든 종교야. 이 종교에서 섬기는 신이 바로 '아후라 마즈다'지.
'아후라'는 '빛', '마즈다'는 '지혜'를 뜻해.

유일한 신이라면 신이 딱 한 명만 존재한다고 믿는 거지?
맞아. 여러 신의 존재를 믿는 그리스나 로마와는 반대야.

조로아스터교는 과거보다 *세력이 많이 줄었지만, 현재까지도 전해지는 종교래.

***세력** 권력이나 기세의 힘.

***기원** 바라는 일이 이루어지기를 빎.

***제국** 황제가 다스리는 나라.

***참모** 지휘관을 도와서 정보, 작전, 군수 따위의 업무를 맡아보는 장교.

지금은 기원전 522년이야.
이 시대에서 가장 유명한 사람은
페르시아의 왕 다리우스 1세!
지잉

왕이라면 궁궐에
있지 않을까?
하지만 하트 공주가
여기에 왔잖아. 그건
다리우스 1세가 분명
근처에 있다는 뜻이지.

얼굴도 모르는
다리우스 1세를
어떻게 찾지?
그래도 왕이라면
뭔가 다르겠지!
이렇게는 며칠이
걸려도 못 찾을걸?
이렇게 하는 건
어떨까?

*기준 기본이 되는 표준.
*가문 가족 또는 가까운 친척으로 이루어진 공동체.

***정찰** 군사 작전에 필요한 자료를 얻으려고 적의 정세나 지형을 살피는 일.
***노출** 겉으로 드러나거나 드러냄.

***축복** 행복을 빎. 또는 그 행복.
***북돋다** '북돋우다'의 줄임말. 기운이나 정신 따위를 더욱 높여 주다.

***곤란** 사정이 몹시 딱하고 어려움.

***떨치다** 세게 흔들어서 떨어지게 하다.

선왕의 복수를 하여 명예를 되찾자!
우리 모두에게 아후라 마즈다의 *가호가 있기를!
아후라 마즈다의 가호가 있기를!
고맙습니다. 도와주신 덕분에 병사들의 사기가 하늘을 찌릅니다.
별말씀을요.

우린 인제 어쩌지?
다리와 병사들을 뒤따르자.

마법 회중시계에서 봤는데, 다리우스는 1세는 이 혼란을 평정하고 비로소 제국의 기초를 마련한대.
하트 공주가 슬슬 나타날 때가 됐다는 말이군!

*가호 보호하여 줌.

진격!
진격하라!
앞으로!
돌격!
와 와 와
나를
따르라!
엉? 뭐지?

아후라 마즈다님이
우리와 함께 하신다!
공격하라!
기, 기습이다!

위대한 아후라 마즈다님은 다리우스 1세의 편이시다!
도… 도망쳐!
헉!

신과 정의의 이름으로….

…용서치 않으리라!

살려 줘!

***제압하다** 위력이나 위엄으로 세력이나 기세 따위를 억눌러서 통제하다.

바짝 긴장했는데 하트 공주는 끝내 나타나지 않았어.
우리 몰래 벌써 누굴 데려간 건 아니겠지?

만약 그랬다면 마법 회중시계가 반응했을 거야.

신의 가호로 승리했으니 신에게 감사 의식을 치러야죠.
이제 겨우 전투가 끝났는데 쉬지도 않고 다들 바쁘네?
뭐 하는 거지?

*의식에 다리우스 왕도 참석하나요?
맞아, 하트 공주는 지금을 기다린 거야!

다리! 우리도 어서 가요!
그러려던 참이었어요.

***소시(77쪽)** 젊었을 때.
***호위(77쪽)** 따라다니며 곁에서 보호하고 지킴.

*대항 굽히거나 지지 않으려고 맞서서 버티거나 반항함.
*정벌 적 또는 죄 있는 무리를 무력으로써 공격함.

바로 옆에 두고 고생만 실컷 했네.
이런 걸 두고 등잔 밑이 어둡다고 하는 거로구나.
사자님들이 찾던 사람이 저였군요?

어서 시작하시죠, 전하! 모두 기다리고 있습니다.
알았네.

의식이 끝나면 우리도 축제를 열자고요, 신의 사자여!

척
척
척
긴장하자. 하트 공주는 항상 이때 나타났어!
걱정하지 마

다리우스 1세 (기원전 550년~기원전 486년)

아케메네스 페르시아 왕조의 왕이에요. 활발한 정복 활동으로 서쪽으로 지중해, 동쪽으로는 인더스강에 이르는 광대한 영토를 차지했어요. 지역마다 달랐던 화폐를 통일하고 운하와 도로를 건설하여 교통을 발달시켰으며 제국을 여러 개의 주로 나누어 각각의 지방 장관이 다스리게 했어요.
그뿐만 아니라 정복지 원주민의 문화와 종교를 존중하는 포용력 있는 통치를 해서 페르시아 제국을 최고의 전성기로 이끌었지요. 수사를 수도로 삼고 궁전을 지었으며, 페르세폴리스를 건설하는 등 건축에서도 많은 업적을 남겼어요.

*행정 정치나 사무를 실시함.

*장교 군대에서 소위 이상의 계급.

눈치채 봐야 이미 늦었어!
확
다리우스 1세, 마법 카드로 들어와라!
턱

어?

왜 이러지? 왜 안 돼?
여봐라!
까딱
예!

잡아라!
작전상 후퇴다!
반란 세력이다! 뒤쫓아라!
다
다
다

***사악하다** 자기 이익을 위해서 나쁜 꾀를 부리는 등 마음이 바르지 않고 악하다.

이 모든 것이 신의 뜻일 걸세.
아이들을 만난 것도, 페르시아를
내 손에 넘겨주신 것도…!

자, 아후라 마즈다님께 다시
감사 의식을 치르도록 하세.
알겠습니다,
왕이시여.

위대하고 공정한
아후라 마즈다시여!
감사드립니다!
당신의 도움으로
마침내 반란 세력을
잠재우고 제국의 기초를
마련했나이다!
신의 사자들이여!
당신들의 성공 또한
기원하겠습니다.

페르시아 제국의 전성기

이전까지 서아시아의 작은 나라에 불과했던 페르시아는 기원전 6세기 무렵, 키루스 2세의
활약으로 제국의 기틀을 다지게 됩니다. 이후 다리우스 1세는 더 활발한 정복 활동을 벌여
그리스 일부와 이집트까지 영토를 넓혔어요. 바로 이때가 페르시아 제국 최고의 전성기였지요.
다리우스 1세는 제국을 여러 주로 나누고, 각 주의 지방관이 알아서 지역을 다스리게 했어요.
나아가 고대부터 서아시아 지역에서 사용하던 아람어를 제국의
표준어로 채택하고, 운하를 건설하는 등 제국을 체계적으로
다스리기 위한 다양한 시도를 했어요.

조로아스터교의 탄생

조로아스터교는 예언자 조로아스터가 만든 페르시아의 고대 종교예요. '아후라 마즈다'라는 최고신을 유일신으로 숭배하기 때문에 '마즈다교'라고도 하고, 한편으로는 불을 신성하게 여겨 '배화교'라고 부르기도 해요. 창시자인 조로아스터는 사람들에게 '세상은 착한 신(빛)과 나쁜 신(어둠)이 싸우는 곳으로, 착한 신 아후라 마즈다의 편에 서야만 훗날 천국에 갈 수 있다'라고 주장했어요. 기원전 5세기 무렵에는 페르시아의 국교가 되고 서아시아 각지로 전파될 정도로 번성했지만, 페르시아가 이슬람에 정복되면서 지금은 소수의 신자만 남아 있어요.

웅장한 고대 도시 페르세폴리스

페르세폴리스는 이란 남부 파르스 지방에 있는 웅장한 고대 도시예요. 그리스어로 '페르시아의 도시'라는 뜻이지요. 기원전 518년, 아케메네스 페르시아 왕조의 다리우스 1세가 파사르가다에, 수사에 이어 건설한 아케메네스 왕조의 세 번째 수도였습니다. 돌을 깎아 만든 기단 위에 궁전 · 보물 창고 · 기록 보존소 · 아파다나 · 백주 궁전 등이 줄지어 지어졌고, 도시 입구에는 사람의 얼굴에 날개를 가진 거대한 황소상 두 쌍이 조각되어 있었어요. 당대 오리엔트 건축 미술 양식을 집대성한 크고 화려한 도시였으나 기원전 330년, 알렉산드로스 3세에 의해 파괴되고 말았어요.

❶ 보물 창고
❷ 여왕들의 궁전
❸ 왕들의 궁전
❹ 아파다나 궁전
❺ 백주 궁전
❻ 미완의 문
❼ 행렬도 부조 벽면
❽ 만국의 문
❾ 용도를 알 수 없는 건물

퀴즈 이란 파르스 지방에 존재했던 고대 도시는?
① 페르세폴리스　② 프로폴리스

신라에 전해진 페르시아의 문화

1973년, 경주의 황남 대총 고분에서 신비로운 연녹색의 유리병과 유리잔 유물이 발굴되었어요. 그런데 이 유물은 언뜻 봐도 우리나라 고유의 그릇과는 모양과 재질이 사뭇 달랐지요. 이뿐만이 아니에요. 근처에 있는 미추왕릉에서도 우리나라 삼국 시대의 것과는 형태와 문양이 크게 다른 황금보검이 발견되었답니다. 역사학자들은 조사 끝에 이 유물들이 페르시아 지역에서 만들어진 것들이며, 중국 당나라를 거쳐 신라에 왔을 것이라고 발표했어요. 먼 옛날부터 동서양의 문화 교류, 특히 신라가 외국과 활발하게 소통하고 있었음을 알 수 있는 중요한 자료입니다.

무함마드, 신의 계시를 받다

***통과하다** 어떤 곳이나 때를 거쳐서 지나가다.

***유독** 많은 것 가운데 홀로 두드러지게.
***입방체(91쪽)** 여섯 개의 면이 모두 합동인 정사각형으로 이루어진 정다면체.

카바를 모르는 걸 보니
이곳 사람들이 아니군요?

나… 낙타가
말을 했어…?

하하하,
이쪽입니다.

카바는 '*입방체'라는 뜻이에요.
안에는 여러 신들의 조각상이
모셔져 있지요.

이곳 메카가 동과 서를 잇는
중요한 무역로이다 보니,
여러 지역 사람들이
오가거든요.
아하! 그렇다 보니
사람들마다 믿는 신들도
다양한가 보군요?

***지지** 어떤 사람이나 단체와 뜻을 함께하여 이를 위해 힘을 씀.
***초월(93쪽)** 어떠한 한계나 표준을 뛰어넘음.

무함마드 님은 알라가 보낸 천사로부터 직접 계시를 받으셨소.
인종과 민족을 *초월하여 평등한 세상을 만들 수 있는 것은 오직 무함마드 님뿐입니다!
여러분도 우리와 함께 유일하고 진정한 신인 알라를 믿읍시다!
그 종교가 그렇게 좋으면 여기 말고 다른 곳에 가서 전도하시지 그래?
내가 믿는 신을 함부로 모독하지 마!
알라가 그렇게 잘났으면 무함마드뿐만 아니라 우리 앞에도 모습을 좀 드러내라고 해!

내 눈앞에서 기적이라도 보여 주면 당장 *개종하지!
옳소!
알라께서는 쉽게 기적을 행하지 않으신다! 진정한 믿음을 가진 자에게만 응답하시지.

감히 어디서 거짓말이야!
파
앗

재물을 탐하는 욕심 많은 이교의 신들과는… 윽!
촤
아

뭐? 욕심 많은 이교의 신?
네 신이 중요한 만큼 우리의 신도 신성해!
감히 우리의 신을 모욕하다니! 가만두지 않겠어!
휙

*개종(94쪽) 믿던 종교를 바꾸어 다른 종교를 믿음.
*박해 못살게 굴어서 해롭게 함.

***핍박** 바싹 죄어서 몹시 괴롭게 굶.
***설교** 종교의 교리를 설명함. 또는 그런 설명.

***위협** 힘으로 으르고 겁을 주며 압력을 가하다.

공주님보다 무함마드를 따르는 사람이 더 많아지면 어떡하시려고요?
상상조차 *무례하도다!
피식

무슨 걱정이야? 그러면 원래 살던 곳으로 휘리릭 보내 버리면 되잖아.

아아, 듣고 보니 그러네요!
역시~ 우리 공주님은 *매정하셔!

그럼 슬슬 무함마드를 데리러 가 볼까?
넵!
가시죠!

*무례(98쪽) 태도나 말에 예의가 없음.
*매정(98쪽) 얄미울 정도로 쌀쌀맞고 인정이 없다.

지금은 622년이고, 여기는 메카야.
팟

이 시기에 유명한 사람은 바로… 엉?

상태가 안 좋아 보이는데?
으으…

괜찮으세요, 아저씨?
도와드릴까요?

그… 그러면 고맙겠구나.

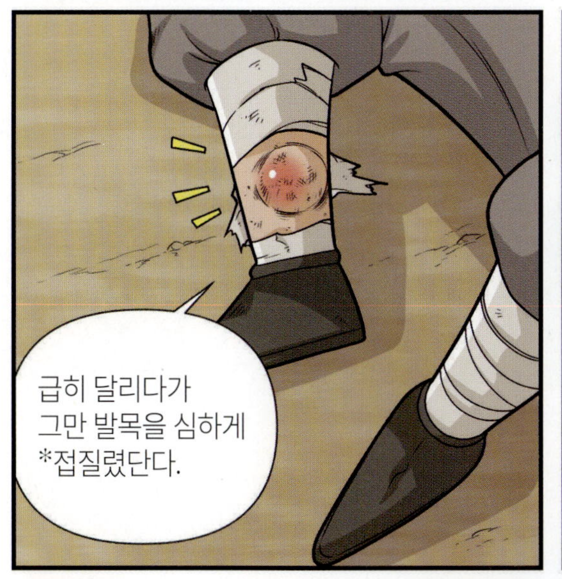

***접지르다** 심한 충격으로 지나치게 접혀서 삔 지경에 이르다.

***처치** 일을 감당하여 처리함.
***부기** 병이나 상처로 몸이 부은 상태.

오! 신기할 만큼 상태가 *호전됐어.
다행이에요.

아까보단 좋아지셨죠?
톡
톡
좋아진 정도가 아니라 혼자 걸을 수도 있겠어. 의사가 따로 없구나.

그래도 무리하진 마세요.
알겠다.

그럼 내가 *보답을….
아… 아니에요!

*축복 행복을 빎. 또는 그 행복. 신이 내리는 복.

무함마드 (570년~632년)

610년, 40세 때 히라산 동굴에서 명상하던 중 천사 가브리엘을 통하여 알라의 계시를 받았어요. 이후 '알라 외에는 신이 없으며, 모든 인간은 신 앞에 평등하다'는 믿음을 바탕으로 이슬람교를 만들고, 자신을 신의 메시지를 전하는 '신의 사도'라 칭했지요. 그러나 당시 지배층은 '평등'을 내세우는 이슬람교를 못마땅하게 여겼고, 결국 622년에 무함마드는 메카를 떠나 메디나로 이주하게 됩니다. 이곳에서 힘을 키운 무함마드는 630년에 다시 메카로 돌아왔고, 마침내 아라비아 전체가 이슬람교를 받아들였어요. 무함마드는 2년 뒤인 632년에 세상을 떠났지요.

*무슬림 남자 이슬람교도.

*무사하다 아무 탈 없이 편안하다. 아무 일 없다.

***수도사** 종교에서 청빈·정결·순명을 서약하고 독신으로 수도하는 남자.
***징표** 어떤 것과 다른 것을 드러내 보이는 뚜렷한 점.

＊**진리** 참된 이치 또는 참된 도리.

*명상 고요히 눈을 감고 깊이 생각함. 또는 그런 생각.

*천사 신의 뜻을 인간에게 전하고, 인간의 기원을 신에게 전하는 사자.

*정의롭다 진리에 벗어남이 없이 올바르다.

카바가
뭔데 그래요?
그 앞에서
설교를 하는 게
문제라도 있나요?

저기 네모난 건물 보이지?
저게 바로 카바란다.

카바 안에는 360개가 넘는
*우상들이 들어 있지. 모두 각기 다른
부족과 민족이 섬기는 신이야.

사람들은
그렇게 많은 신을
다 믿어요?
그러니까
카바 같은 것도
만들었겠지.

이곳은 예로부터 상업이 발달해서
다른 지역과 왕래가 잦았단다.
자연스레 다양한
민족이 유입되었고,
종교도 다양해졌지.

***우상**(112쪽) 특정한 믿음이나 의미를 부여하여 나무, 돌, 쇠붙이, 흙 따위로 만든 형상.
***야스리브** 헤지라 이전에 메디나를 부르던 명칭.

*창시 어떤 사상이나 학설 따위를 처음으로 시작하거나 내세움.
*이주 본래 살던 집에서 다른 집으로 거처를 옮김.

*공동체 생활이나 행동 또는 목적 따위를 같이하는 집단.
*계기 어떤 일이 일어나거나 변화하도록 만드는 결정적인 원인.

116

*눈썰미 한두 번 보고 곧 그대로 해내는 재주.
*단도직입 여러 말 하지 않고 바로 요점이나 본문제를 말함.

제안은 고맙지만 이곳에는 나를 따르는 사람들이 많습니다. 제가 해야 할 일도 많고요.
공주님의 말씀을 거역하다니, 무엄하다!
답은 이미 정해져 있으니 넌 대답만 하면 된다고!
어리석은 인간들! 내가 같이 가자고 하면 왜 하나같이 거절하는 걸까?
그렇다고 내 손을 벗어날 수 있는 것도 아닌데 말이야!
으 아 아 악
으아아악!

이슬람교의 탄생

이슬람교는 오늘날 유교, 불교, 기독교, 힌두교와 함께 세계 5대 종교로 손꼽혀요.
이슬람교의 탄생 과정을 알아봅시다.

610년, 신의 말씀을 전해 듣다

무함마드는 천사 가브리엘에게 신의 말씀을 전해
듣고, 메카에서 이슬람교를 만들었어요. 가브리엘은
유대교와 크리스트교에도 등장하는데, 이슬람교가
한 신만을 섬기는 것과 평등을 주장하는 것은 이들
종교로부터 영향받은 것입니다.

622년, 핍박을 피해 메디나로 향하다

무함마드는 '모든 사람이 재산을 골고루 나누어
가져야 한다'고 주장해서 메카의 귀족들에게 핍박을
당했어요. 결국 메디나로 피신했는데,
이슬람교에서는 이를 '성스러운 이주'라는 뜻의
'헤지라'라고 해요.

630년, 성지 메카로 돌아오다

메디나에서 힘을 키운 무함마드는 메카로 돌아와 새
나라를 세워요. 그는 수많은 신들이 모셔져 있던 카바
신전을 단 하나의 신 알라의 신전으로 만들었어요.
카바는 이슬람교에서 가장 귀하게 여기는
장소랍니다.

퀴즈 무함마드가 핍박을 피해 메디나로 이주한 사건을 가리키는 말은?
① 헤지라   ② 해조류

이슬람교도의 다섯 가지 의무

이슬람교도라면 누구나 반드시 지켜야 할 의무 다섯 가지가 있어요.
그것이 무엇인지 알아봅시다.

① 하주 (순례)
매년 이슬람력 제12월에 카바 신전 부근에서 열리는 대제에 적어도 일생에 한 번은 참가해야 해요.

② 살라트 (예배)
일출·정오·하오·일몰·심야 하루 다섯 번 규정된 형식에 따라 메카가 있는 쪽를 향해 예배를 해야 해요.

③ 샤하다 (증언)
'알라 이외에 신이 없음을 증언하며 무함마드는 알라의 사자이다'라는 증언을 하루 몇 번씩 외어야 해요.

④ 샤움 (단식)
매년 이슬람력 제9월은 라마단 기간으로, 이때는 낮 동안 음식·흡연·향료·이성과의 접촉을 금하고 예배에 집중해요.

⑤ 자카트 (희사 또는 천과)
재산이나 수입에 따라 부과된 세금을 내야 해요. 이 세금은 가난한 사람을 돕고 국가와 이슬람교를 위해 쓰이지요.

이슬람교에 대한 오해

많은 사람이 '이슬람교도는 폭력적이고, 특히 여성을 심하게 차별한다'는 선입견을 품고 있어요.
하지만 이것은 민족적인 개념인 '아랍'과 종교적인 개념인 '이슬람'을 혼동해서 생긴 오해입니다.
모든 이슬람교도는 알라의 계시를 기록한 '쿠란'과 무함마드의 말과 행동을 기록한 '하디트'의
생활 규범을 따르는데, 쿠란과 하디트 그 어디에도 폭력과 차별을 옹호하는 내용은 없답니다.
이슬람교도 여느 종교들과 마찬가지로 평화를 소중하게 여기고 평등을 강조할 뿐이에요.

신라에 정착한 서아시아인들

무인석은 주로 왕처럼 신분이 높은 사람의 무덤 앞에 세우는 무관, 즉 장군 형상의 석상이에요.
그런데 경주에 있는 신라 제38대 원성왕의 무덤에는 유독 생김새가 다른 무인석 한 쌍이 있어요.
부리부리하고 움푹 들어간 눈, 곱슬곱슬한 수염, 커다란 매부리코…….
어디를 봐도 신라인의 모습이라고 할 수 없는 생김새지요. 역사학자들은
경주와 가까운 울산이 신라 때 서아시아 상인들이 드나들던 국제적인
무역항이었다는 점을 근거로, 이 무인석의 주인공이 서아시아인일
것으로 추측했어요. 이 무인은 과연 어떤 일을 계기로 머나먼 땅
신라에 정착했던 것일까요?

처용무
섣달그믐날이 되면 궁중과 관아에서는 나쁜 기운을 내쫓고 전염병이 돌지 않기를 기원하는 처용무를 췄어요. 처용탈은 붉은색 얼굴에 이목구비가 뚜렷하고 다소 험상궂게 생겼지요. 학자들은 <삼국유사>와 <고려사> 등의 기록을 바탕으로 처용을 서아시아인으로 추측했어요.

퀴즈 서아시아 상인들이 드나들던 신라의 국제적인 무역 도시는?
① 뒷산　② 울산

정통 칼리프 시대가 끝나다

자, 그럼 어서 다음 목표를 향해서 출발하자고!
쉬지도 않고, 대단하십니다!
이렇게 부지런하시니 존경을 안 할 수가 없죠!
다 다 다

엇! 눈앞에서 사라져 버렸어.
푸 쉬 쉬
아니, 넌…!
아깝다!

이 녀석은 평소 무함마드 님이 타고 다니던 낙타야.

너흰 무함마드 님이 어디로 가셨는지 알고 있지?
사실대로 말해야 하나?

그게 그러니까….
쉽게 말해, 악당한테 납치당했어요.

이제 어쩐다….
털
썩
내가 너무 직설적이었나?

으~ 골치야. 하필 이때….
지금이 어떤 때인데?
방
방

헤지라가 일어나기 직전이잖아.
그런데?

아까도 말했듯, 헤지라는 장차 이슬람 국가 탄생의 결정적인 *계기가 돼.
그리고 이슬람교는 세계 5대 종교의 하나로 발전하게 되지.
그런데 헤지라가 일어나지 않으면….

***계기(124쪽)** 어떤 일이 일어나거나 변화하도록 만드는 결정적인 원인이나 기회.

…마법을… 쓰면 …어떻게 할 수 있지 않으려나?
그러면 안 되긴 하지만….
뭐? 마법을 쓰자고?
우리 마음대로?

허락받지 않고 인간 세계에서 마법을 쓰는 건 *불법이야!
그러다가 큰일 나!

무함마드를 구출하기 전까지만이야.

정말 잘할 수 있겠어?
사실 마법을 안 쓴 지 한참 되긴 했지만….
방법이 있긴 한 거니, 얘들아?

126

***불법** 법에 어긋남.

***대역** 배우가 맡은 역할을 할 수 없을 때 다른 사람이 그 역할을 대신 맡아 하는 일.

두 사람은 그 누구도 만난 적이 없어요!
어서 가서 역사의 흐름대로, 각자의 *사명대로 행동하세요.

잘해 줘야 할 텐데.
마법을 단단히 걸어 뒀으니 별 탈 없을 거야.

근데 역사대로라면 어떻게 되는데?

무함마드는 헤지라를 계기로 '움마'라는 신앙 공동체를 만들게 돼.

*사명(128쪽) 맡겨진 임무.
*후계자 어떤 일이나 사람의 뒤를 잇는 사람.

다음 내용은 짐작이 가. 후계자를 정하는데 문제가 생겼구나?
맞아. 사람들은 누가 후계자로 적합한지를 놓고 두 패로 나뉘었어.
무함마드의 자손이 후계자가 되어야지요.
능력만 있다면 누구든 어떻습니까?

무슨 소리요!
후계자는 무함마드의 사촌 동생이자 사위인 알리가 적당합니다!
시아파

이 두 집단을 각각 '시아파'와 '수니파'라고 부르지.
억지 부리지 마시오!
수니파
많은 사람에게 존경받는 아부바크르가 후계자감이요!

그래서 후계자는
누가 됐어?

일단 시간의 문부터
통과하자. 하트 공주가
간 곳을 찾아냈어.

서기 661년

어어…
바닥이 없어!
헉!
조심해!

아이코!
으앗!

***권위** 남을 지휘하거나 통솔하여 따르게 하는 힘.
***칭호** 어떠한 뜻으로 일컫는 이름.

***특사** 특별한 임무를 띠고 파견하는 사람.
***동행** 같이 길을 감.

지금 칼리프는 누구인가요?
엥?

이슬람에 관심이 많다면서 그것도 모르니?

과… 관심은 많은데 아는 건 없어요.
그럴 수가 있나?
긁적 긁적

지금 우마이야 칼리프국의 국왕은 무아위야 1세시지.
호
이~

무함마드 님이 세상을 떠난 뒤로 너무 많은 일들이 일어났어. 이제 나라가 좀 안정을 찾으면 좋으련만….
너무 많은 일들이요?
휘
잉

무함마드 님의 뒤를 이은 아부바크르는 칼리프에 오른 지 2년 만에 세상을 떠났어.
저런….

그리고 2대 칼리프 우마르와 3대 칼리프 우스만은 *암살을 당했고….
아…!

4대 칼리프인 알리는….
무함마드의 사촌, 알리!
드디어 칼리프가 된 건가요?

그래. 근데 그분도 암살당했어.
윽! 어쩌다가요?

알리는 칼리프가 된 이후 줄곧 의심을 받아왔지.
알리가 칼리프 자리를 탐내서 우스만을 죽였대요.

***암살** 몰래 사람을 죽임.

무아위야 1세 (602년~680년)

원래 이슬람교를 반대하던 메카의 지배 계층이었으나 630년에 무함마드가 메카를 정복하자 이슬람교도가 되었어요. 이후 4대 칼리프인 알리를 암살하고 직접 칼리프가 되어 우마이야 왕조를 열었지요. 투표로 선출하던 칼리프 자리를 자식에게 물려주는 세습제로 바꾼 것도 무아위야 1세예요. 정통 칼리프 시대를 끝낸 인물이지만, 재위 기간 중 이슬람을 거대 제국으로 확장한 최고의 정치가이자 군사 전략가이기도 했습니다.

***세습** 한집안의 재산이나 신분, 직업 따위를 대대로 물려주고 물려받음.

타깃?
당연히 목표 인물은 무아위야지. 그렇지 않으면 왜 이 시간대로 왔겠어?
하지만 무함마드를 손에 넣었으면….
…이미 이슬람이 몽땅 공주님 손아귀에 있는 것 아닌가요?
다
다
다

7세기 무렵의 서아시아
프랑크 왕국
비잔티움 제국
우마이야 왕조의 정복지
모르는 소리! 무함마드는 이슬람교의 창시자로서 의미가 있을 뿐이야.
역대 이슬람 제국 중 최대 *판도를 이룩한 왕조는 바로 우마이야 왕조라고.

*판도(138쪽) 한 나라의 영토.

***안심** 모든 걱정을 떨쳐 버리고 마음을 편히 가짐.

*체포 신체를 자유롭게 움직이지 못하게 만들어 행동의 자유를 빼앗는 일.

헉!
파
악
툭

앗! 무함마드가 갇힌 마법 카드다!
!!
툭

야호! 찾았다!
쌔
앵
아앗! 내 마법 카드!
타
앗

고
오
오
오
어서 가요, 공주님!
지금 가야 해요!
타
다
다
타
다
누가 봐도 우리가 *불리한 상황이라고요!

*불리 이롭지 않음.

*멸망 망하여 없어짐.
*황금기 절정에 올라 가장 좋은 시기.

이슬람 제국이 탄생하다

632년 무함마드가 세상을 떠난 뒤부터 이슬람교도들은 선거를 통해 새로운 지도자를 뽑았어요.
그런데 4대 칼리프 알리가 이슬람교를 이끌고 있을 때, 무아위야라는 사람이 반란을 일으켰어요.
무아위야는 결국 4대 칼리프의 자리를 차지하는 데 성공했고, 우마이야 왕조를 열었지요. 그리고
다음 칼리프는 선거를 통해 뽑지 않고 자기 아들에게 물려주겠다고 선언해요. 이 사건을 계기로
이슬람교는 시아파와 수니파 둘로 나뉘어 갈등하게 되었답니다. 한편, 우마이야 왕조가 이끄는
이슬람 세력은 서아시아 지역은 물론 유럽과 아시아 일부 지역까지 영토를 확장하게 되지요.

퀴즈 정치와 종교 권력을 모두 갖는 이슬람의 지도자를 가리키는 말은?
① 칼리프   ② 칼림바

이슬람 건축의 정점, 모스크

이슬람교가 서아시아를 넘어 세계 곳곳으로 퍼져 나가면서 모스크도 세계 곳곳에 지어졌어요.
모스크는 이슬람교도들이 집단 예배를 드리는 사원을 말해요. 아랍어로 '마스지드'라고 하는데,
'이마를 땅에 대고 절하는 곳'이라는 뜻이지요. 독특한 외관으로 세계 어디서나 한눈에 이슬람
사원이라는 것을 알아볼 수 있어요. 특히 시리아 다마스쿠스의 우마이야 모스크, 예루살렘의
바위 돔, 튀르키예 이스탄불의 블루 모스크는 웅장하고 아름답기로 유명해요.

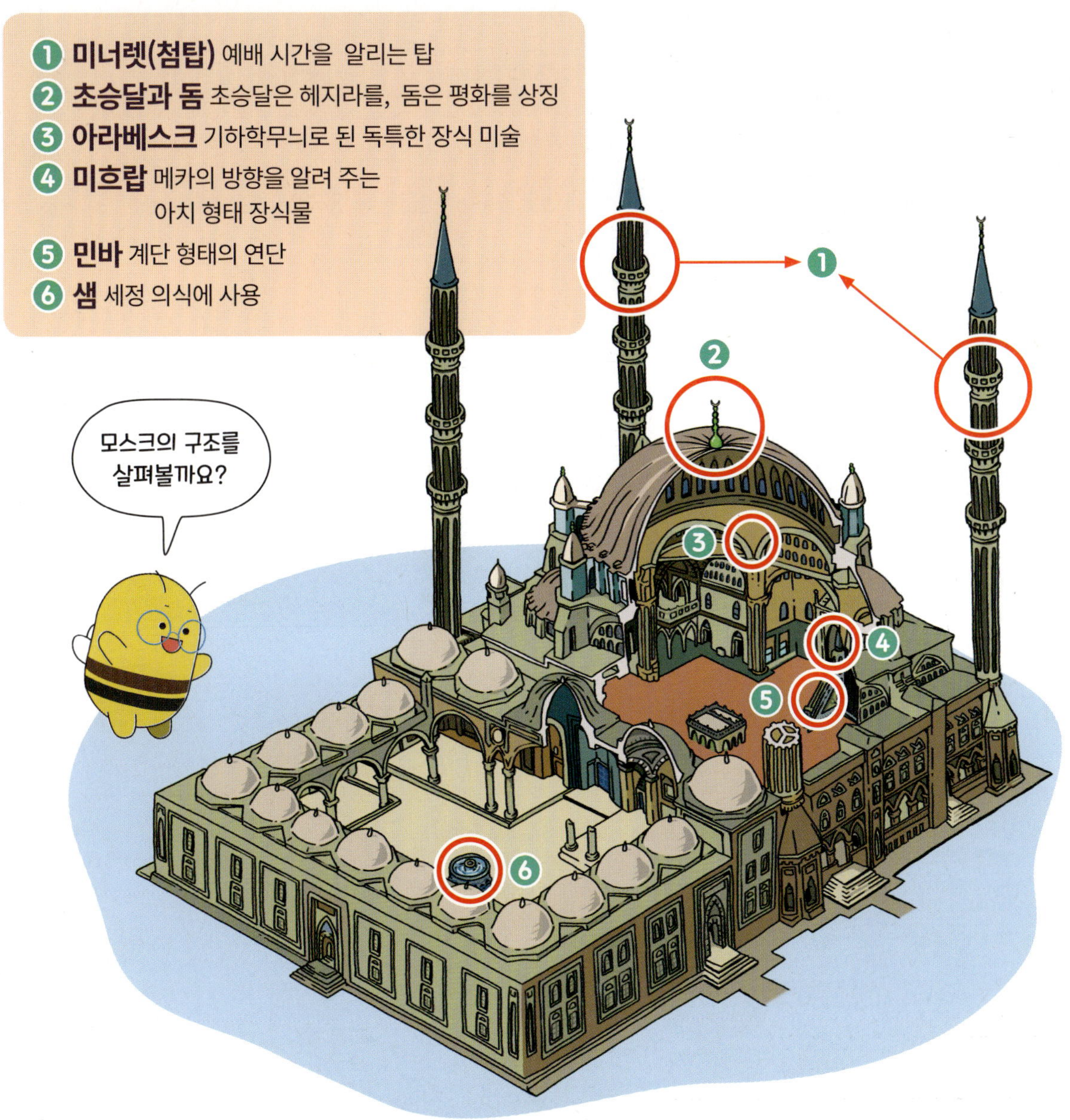

이슬람의 위대한 유산, 수학과 과학

알코올, 알칼리, 알고리즘… 꽤 익숙한 과학 용어들의 공통점을 알고 있나요? 바로 아랍어에서 유래된 영어 낱말이라는 것입니다. 이슬람 문명은 수학·과학의 발달에 아주 큰 영향을 미쳤어요. 동양과 서양이 만나는 지점에서 탄생한 이슬람 문화는 양쪽의 문명을 흡수하고 발전시켰을 뿐만 아니라, 세계 곳곳으로 퍼뜨리는 역할까지 했던 것입니다.

이슬람의 학문 연구

천문학과 지리학
서아시아 지역은 옛날부터 상업이 발달해서 자주 먼 지역을 오갔어요. 사막에서 길을 잃지 않고, 어디서든 하루 다섯 번 시간에 맞춰 메카를 향해 예배하려면 천문학과 지리학적 지식이 반드시 필요했지요.

화학
값싼 금속을 비싼 금으로 바꾸는 '연금술'을 알아내려고 노력했어요. 비록 연금술은 실패했지만, 그 과정에서 화학이 발전하게 되었답니다.

수학
0~9까지 열 개의 기호로 모든 수를 표기할 수 있는 '아라비아 숫자'는 인도에서 처음 만들어졌지만, 이슬람교에 의해 세계로 퍼져 나갔어요.

의학
고대 그리스와 로마, 이집트의 의학서를 적극적으로 번역하고 연구하여 의학을 발달시켰어요. 이븐시나의 의학서 <의학전범>이 유명해요.

이야기의 보물 상자, 삼국유사

《아라비안나이트》는 이슬람 문화를 대표하는 문학으로, 당시 이 지역 사람들의 생활 모습을 짐작할 수 있어요. 우리나라에도 이와 비슷한 책이 있답니다. 바로 《삼국유사》예요.

이슬람 설화 문학의 정수,
아라비안나이트

《아라비안나이트》는 《천일야화》라는 제목으로 불리기도 하며, '셰에라자드'라는 현명한 여성이 포악한 왕에게 1,001일 밤에 걸쳐 들려주는 흥미로운 이야기들이에요. 쉽게 말해, 이야기 속의 이야기인 셈이지요. <신드바드의 모험>과 <알라딘과 요술램프>, <알리바바와 40인의 도둑> 등의 이야기들이 모두 《아라비안나이트》에 등장해요.

이야기의 보물 창고,
삼국유사

《삼국유사》는 고려 충렬왕 7년인 1281년에 승려 일연이 쓴 역사책이에요. 신라와 고구려, 백제뿐만 아니라 단군, 기자에 관한 내용까지 기록되어 있어요. 또한 단순히 역사만 나열한 것이 아니라 우리나라 고대 신화를 비롯하여 여러 지역의 설화, 신라 때 유행하던 노래인 향가 등 다양한 내용이 실려 있어서 조상들의 생활과 문화, 생각을 엿볼 수 있어요.

퀴즈 1281년 승려 일연이 쓴 역사책의 이름은?
① 삼국사기   ② 삼국유사

평화를 꿈꾸는 *테러리스트

*테러리스트 정치적인 목적을 위하여 계획적으로 폭력을 쓰는 사람.

어?
깨어나셨다!

정신이 좀 드세요?
그… 그렇긴 한데 여기가 대체 어디냐?
두리번
두리번

이상한 꿈을 꾼 것 같은데…
아니, 아직도 꿈속인가?
아악
휙
휙

어떻게 된 일인지 저희가 전부 설명해 드릴게요.
오잉~?

***따돌리다** 밉거나 싫은 사람을 따로 떼어 멀리하다.

어서 들어와!
어… 어디로 가는 건데요?
일단 공주님이 시키는 대로 하자고!
다
다 다 다

어서 나가!
쿵
콩

다시 들어가!
다 다 다 다

또 나와!
탁

한 번 더!
다시 한 번 더!

얼마 후
쨍
쨍
휴~ 이 정도면 됐겠지?

짧은 시간 동안 시간의 문을 이렇게 많이 통과하기는 처음이에요.
멀미할 것 같아요.

후후후, 도서관 녀석들의 *빈약한 마법 도구로는 따라오지 못할 거야.

근데 여긴 대체 어디요?
컥!
툭
툭

너… 넌 누구야?
어떻게 우릴 따라왔지?
당장 정체를 밝혀라!
삐질
삐질
후
다
닥
다 다
닥

*빈약(152쪽) 가난하고 힘이 없음.
*정체 참된 본디의 형체.

우린 바쁘니까 알아서 잘 찾아가도록 해.
헉!
으
으아악~!
이게 뭐야?
아
악

저 사람은 이제 끝없이 떨어지기만 할 텐데….
이건 좀….

알게 뭐야? 평범한 인간 따위.
휙

다시 현재
…그렇게 끝없이 떨어지고 계셨는데, 저희가 구한 거예요.
그랬군.

원래 살고 있던 장소와 시간을 말씀해 주시면 저희가 돌아갈 수 있게 도와드릴게요.

***생시** 자거나 취하지 아니하고 깨어 있을 때.
***무법자** 법을 무시하고 함부로 거칠고 험한 행동을 하는 사람.

*굴욕 남에게 억눌리어 업신여김을 받음.
*악명 악하다는 소문이나 평판.

***수반** 행정부의 가장 높은 자리에 있는 사람.

모여 봐,
마법 회중시계로
보여 줄게.

슈
슈
슉

뭐… 뭐랄까?
좀 무섭게 생겼어.
이 사람이
하트 공주를
노릴 것 같아.
외모만 보고
사람을 판단하는 건
옳지 않아.
컥
빠직

거칠어 보이지만
노벨 평화상까지
받은 사람이라고.
오! 어떤
일을 했는데?

아라파트에 대해 알려면
우선 이곳의 역사부터
공부해야 할걸?
?
?
?

***영토** 국가의 통치권이 미치는 구역.

유대교를 믿는 민족인데, 이들 역시 고대부터 팔레스타인 땅에서 살아왔어.
그러다 로마 제국에 의하여 예루살렘이 파괴되자 세계 각지로 흩어졌고, 팔레스타인에는 소수만 남아 있었지.

제1차 세계 대전에 많은 지원을 해 줘서 고마웠소.
약속은 잊지 않았겠죠?
그런데 문제는 지금부터야. 영국이 중심이 된 국제 사회가 팔레스타인 지역에 유대인 국가인 이스라엘를 건국하기로 했거든.
???
꾸벅
컥!

우리가 사는 땅에 우리의 동의도 없이 남의 나라를 세운다고요? 그게 말이 됩니까?
럭
버

팔레스타인 땅은 원래 우리 조상들의 고향이었다고!
그렇지!
끄덕
삐질
삐질

*통치 나라나 지역을 도맡아 다스림.
*중재 분쟁에 끼어들어 쌍방을 화해시킴.

*철수 거두어들이거나 걷어치움.

***난민** 전쟁이나 재난 따위를 당하여 곤경에 빠진 사람.

야세르 아라파트 (1929년~2004년)

이집트인으로 예루살렘에서 성장했어요. 팔레스타인에 이스라엘이 건국된 것에 반대해 중동 전쟁에 참여했으며, 이스라엘을 상대로 하는 무장 투쟁 단체인 파타(Fatah)를 이끌기도 했어요. 1969년 팔레스타인 해방 기구(PLO) 의장에 취임한 뒤에는 이스라엘과 평화 협상을 통해 팔레스타인 자치 지구 창설에 결정적인 역할을 했어요. 이 공로로 1994년 노벨 평화상을 수상했으며, 1996년부터 2004년 사망 때까지 팔레스타인 자치 정부(PNA)의 의장직을 맡았습니다.

***험상궂다** 모양이나 상태가 매우 거칠고 험하다.

***게릴라** 적의 뒤에서 기습, 교란 따위의 활동을 하는 특수 부대나 비정규 부대.

***협정** 서로 의논하여 결정함.
***협약** 협상에 의하여 조약을 맺음. 또는 그 조약.

아, 이때 노벨 평화상을 수상했군요?
맞아.

근데 그루야, 버리 못 봤어?
두리번
두리번
조금 전까지 여기 있었는데?

한편
여긴 너무 덥고 눈부셔요.
난 선글라스를 미리 준비했지!
잔말 말고 따라오기나 해!
익숙한 목소리가 들린다고 했더니, 역시!

쌔
앵
얘들아! 하트 공주가 나타났어!
뭐?
어디?

*적중 예상이나 추측 또는 목표 따위에 꼭 들어맞음.
*난감 이렇게 하기도 저렇게 하기도 어려워 처지가 매우 딱하다.

*대우 어떤 사회적 관계나 태도로 대하는 일.

*확고 태도나 상황 따위가 튼튼하고 굳다.

뭐야, 너희?
무슨 짓이냐?

죄송해요.
공주님 머리 위에
시간의 문이 열릴 줄은
미처 몰랐어요.

아이고
머리야.

솔아,
지금이야!

작전
개시!

파
아
아

앗

헉! 바… 바닥에….

시간의 문이…!

고
고 고
고
고

이게 무슨 짓이야? 거기서 시간의 문을 열면 어떡해?
으아아아

픽
모두를 한 번에 데려올 방법이 이것뿐이었어요.

아라파트를 사로잡기 직전이었는데 너희가 다 망쳤어!
잘됐다!

또 여기로 와 버렸군. 오늘은 참으로 이상한 날이야.
어? 아까 그 할아버지네!

아까 저희가 집으로 보내드렸잖아요!
왜 또 여기에 계신 거예요?
내가 묻고 싶은 말이구나.

어라? 지금 다시 보니….
왜 그러니?

실례!
샥
무슨 짓이야!

이거 한번 써 보시겠어요?
오냐.
착

서… 설마 할아버지가…?
아라파트!
두둥

*눈썰미 한두 번 보고 곧 그대로 해내는 재주.

***무기력** 어떠한 일을 감당할 수 있는 기운과 힘이 없음.

***시치미** 자기가 하고도 아니한 체, 알고도 모르는 체하는 태도.
***치닫다** 위쪽으로 달리다. 또는 위쪽으로 달려 올라가다.

그렇군.
듣고 보니 전부
맞는 말이야.
숙

고… 공주님,
지금 포기하시는
건가요?
믿을 수가
없어!

맞는 말이랬지,
누가 포기한대?
그럼 그렇지!
역시!
파 지 직
파 팟
안 돼!

어라?
푸
시
시
시

괜찮으세요,
할아버지?
그… 그런 것
같구나.
탁
탁
탁

이것 봐! 너희가
가져온 마법 카드가
또 말썽이잖아!

헉!

정말 죄송해요, 공주님!
한 번만 용서해 주세요.

잘해 보려다
그만….

너희들, 두고 봐!
다음에 또 방해하면
그땐 정말…!

다음에 더 좋은
기회가 올 거예요!

공주님, 여기서
더 망신당하기 전에
어서 돌아가요!

다
다
다
다
다

이번 임무는 이렇게 끝난 건가?

그런 것 같은데?

아니지.

어?

아!

나를 원래 있던
곳으로 데려다줘야
할 것 아니냐.

이참에
모든 사건이 벌어지기
전으로 데려다주면
안 되겠니?
헤헤, 그건
곤란해요.
우 우 우 웅

함무라비 왕,
메소포타미아를 통일하는
대제국을 건설하다.

다리우스 1세,
웅장한 고대 도시
페르세폴리스를 건설하다.

무함마드, 622년 헤지라로 이슬람교를 정립하다.

무아위야 1세, 이슬람 최초의 세습 왕조를 세워
이슬람 왕국의 최고 황금기를 이끌다.

아라파트, 서아시아 지역의 평화를 위해 끝까지 헌신하다.

이상한 나라
자~ 어디 한번 살펴볼까?

이 부분도 문제없군.
여기도!

이제 아무런 문제도 없어. 완벽해!
서아시아의 역사
탁

한동안 뒤틀렸던 역사가 모두 제자리로 잘 돌아왔구나!
수고했다, 얘들아. 이번 임무도 아주 잘 해냈어.
성공이다!
야호~!
짝
짝
LIVE 세계사 ⑨ 서아시아 편 끝.

분쟁의 땅이 된 팔레스타인

약 2천 년 전, 유대인들은 로마와의 전쟁에서 패해 세계 각지로 흩어지게 됩니다. 유대인들이 살던 팔레스타인은 아랍인의 거주지가 되었고요. 그런데 제1차 세계 대전 중 이곳을 차지했던 영국은 팔레스타인의 아랍인들에게 영국 편에서 전쟁에 참전하는 대가로 독립을 약속합니다. 그리고 다른 한편으로 유대인들에게도 팔레스타인에 유대인의 나라, 즉 이스라엘의 건국을 돕겠다고 선언해요. 물론 유대인들이 영국에 막대한 군수 물자를 지원하는 조건으로 말이에요. 한창 전쟁 중이던 영국은 자신들의 이익을 위해 지키기 힘든 약속을 이중으로 했던 거예요.

길고 긴 갈등과 분쟁의 역사

팔레스타인에서 아랍인과 유대인 간의 갈등이 심해지자 UN(유엔)은 1947년, 팔레스타인을 유대와 아랍 두 지역으로 분할하기로 했어요. 그렇게 다음 해인 1948년 5월, 마침내 팔레스타인 땅에 유대 국가인 이스라엘 공화국이 들어섰지요. 그러자 유엔의 결정에 반대하던 주변의 이슬람 국가들은 일제히 이스라엘을 공격하기 시작했어요. 이스라엘은 건국과 동시에 이웃 나라들과 전쟁을 치러야 하는 상황이 된 것입니다. 바로, 중동 전쟁의 시작이었어요. 네 차례의 큰 전쟁은 모두 이스라엘의 승리로 끝났지만 복잡하게 얽히고설킨 갈등은 여전히 계속되고 있어요.

퀴즈 네 차례의 중동 전쟁에서 모두 승리한 나라는?
① 예루살렘　② 이스라엘

평화의 도시 예루살렘

예루살렘은 '평화의 도시'라는 뜻으로, 유대교·크리스트교·이슬람교 세 종교 모두의 성지예요. 유대인에게는 민족의식의 원천이 되는 곳이며, 크리스트교도에게는 예수가 고난받고 십자가에 못 박혀 매달렸던 곳으로서 성스러운 장소지요. 이슬람교에서는 무함마드가 승천한 장소로서 역시 신성하게 여긴답니다. 이렇게 소중한 장소이지만 이스라엘과 이슬람이 대립하면서부터 예루살렘은 종종 분쟁의 불씨가 되곤 했어요. 현재 예루살렘은 네 구역으로 나뉘어 있으며, 각국의 다양한 인종과 종교를 가진 사람들이 찾아와 평화를 기원하고 있어요.

성묘 교회 (크리스트교)
예수 그리스도의 무덤 위에 세운 교회

통곡의 벽 (유대교)
고대 이스라엘 신전 서쪽 성벽의 일부

바위의 돔 (이슬람교)
이슬람교의 성스러운 바위 위에 지은 신전

 팔레스타인에 위치한, 세계 3대 종교의 성지가 있는 도시는?

① 예루살렘　② 우르

① 답요

우리나라의 이슬람교

'서울중앙성원'이라고 해.
대한민국 최초의 모스크지.
우리나라에도 약 6만 명의
이슬람교도가 있거든.
우아! 특이하게
생긴 건물이에요.

한국의 이슬람교는 1950년
한국 전쟁 당시 UN군의 일원으로
참전한 튀르키예 군인들에 의해
사실상 처음 전파되었지.
생각보다
오래됐네요.

이후 1970년대 서아시아에
진출한 우리나라 건설 노동자 중
일부가 받아들였고….
최근에는 우리나라에 온
외국인 노동자를 통해 전파되는
경우도 많아졌다고 해.
여전히 낯선 것이
사실이지만, 존중하며
잘 어우러질 방법을
찾아야겠지?
아하!

버리가 서아시아의 역사에 관한 보드게임을 하고 있어요.
무사히 듬이에게 도착할 수 있도록 문제를 맞혀 봅시다.

팔레스타인 지역에 1948년에 건국된 유대인 국가는?
페르시아
이스라엘
도착
이슬람교와 유대교, 크리스트교 모두의 성지인 도시는?
바티칸
예루살렘
쿠란
하디트
이슬람교에서 믿고 따르는 신의 이름은?
무함마드
알라
무함마드가 알라에게 받은 계시를 기록한 책은?

❶	❷	❸	❹
❺	❻	❼	❽
❾	❿	⓫	⓬
⓭	⓮	⓯	

고대 문명의 등장과 세계사의 한 축이 된 이슬람교의 정립 등
서아시아는 긴 역사만큼이나 다채로운 문화를 꽃피웠어요.
서아시아를 대표하는 문화 키워드 네 가지를 알아봅시다!

1 다음 설명과 지도에 표시된 고대 문명의 이름은 무엇일까요?

- 세계 최초의 청동기 도시 문명이 만들어졌어.
- 이집트 문명, 중국 문명, 인더스 문명과 더불어 세계 4대 문명 중 하나야.
- 이 지역은 기원전 3000년경부터 수메르인이 정착해 살며 농사를 지었지.
- 최초의 문자로 알려진 쐐기 문자도 이 문명에서 나왔어.

2 다음 글은 어느 법전의 내용일까요?

- 아들이 아버지를 때리면 아들의 두 손을 자른다.
- 귀족의 눈을 멀게 하면 그의 눈도 멀게 한다.
- 귀족의 뼈를 부러뜨린 자는 그의 뼈도 부러뜨린다.
- 귀족이 평민을 다치게 하면 돈을 내야 한다.
- 귀족이 남의 노예를 다치게 하면 그 노예 값의 반을 내야 한다.

① 삼조법　　② 함무라비 법전　　③ 나폴레옹 법전　　④ 마그나 카르타

아래 그림은 기원전 518년, 아케메네스 페르시아 왕조의
다리우스 1세가 건설한 아케메네스 왕조 세 번째 수도의
모습입니다. 이곳의 이름은 무엇일까요?

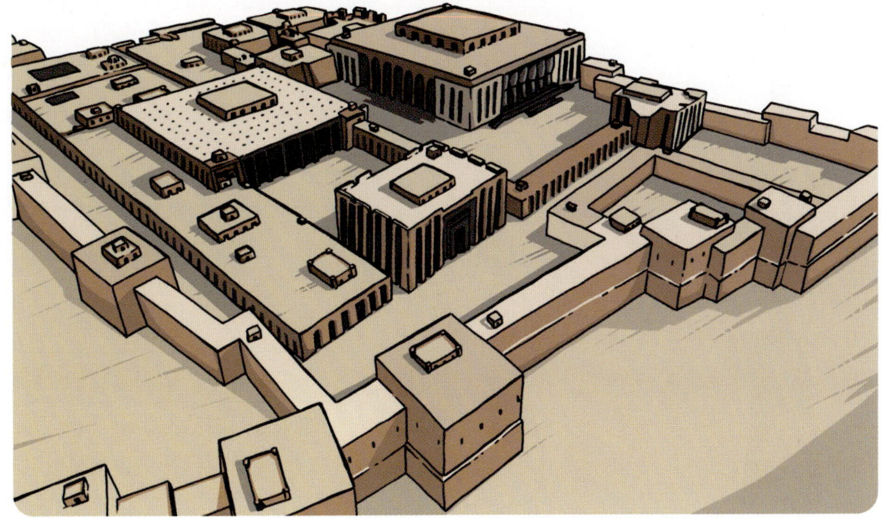

① 페르세폴리스　② 프로폴리스　③ 아크로폴리스　④ 알렉산드로스

아래 그림과 관계 깊은 고대 종교는 무엇일까요?

① 유대교　② 조로아스터교　③ 크리스트교　④ 이슬람교

5 경주에서 발견된 아래의 신라 유물을 보고 바르게 추측한 것은 무엇일까요?

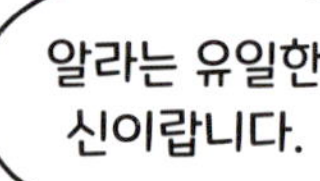

6 이슬람교에 대해 잘못 설명한 사람은 누구일까요?

7 사우디아라비아의 메카에 있는 신전으로, 전 세계의 이슬람교도가
하루에 다섯 번 예배 대상으로 삼는 것은 무엇일까요?

① 파르테논 신전   ② 카바 신전   ③ 카르나크 신전   ④ 판테온 신전

8 이슬람교의 탄생 과정을 순서대로 정리해 봅시다.

메디나에서 힘을 키운
무함마드는 메카로
돌아와 새 나라를
세우고 카바를
단 하나의 신 알라의
신전으로 만들어요.

히라산 동굴에서
사색하던 무함마드는
천사 가브리엘에게
신의 말씀을 전해 듣고,
메카에서 이슬람교를
만들었어요.

무함마드는 핍박을
피해 메카에서
메디나로 이주했는데,
이것을 '성스러운 이주'
라는 뜻의 '헤지라'라고
불러요.

9 이슬람교도가 지켜야 할 의무를 설명한 것 중 틀린 것은 무엇일까요?

① **하주(순례)** : 이슬람력 제12월은 곳곳을 여행하며 몸과 마음을 안정시켜요.
② **살라트(예배)** : 하루 다섯 번 메카가 있는 쪽을 향해 예배해야 해요.
③ **샤하다(증언)** : 알라와 무함마드에 관한 증언을 하루에도 몇 번씩 외어야 해요.
④ **자카트(희사, 천과)** : 자기가 가진 재산이나 수입에 따라 부과된 세금을 내야 해요.

10 이슬람에서 정치와 종교 권력을 모두 가진 지도자를 가리키는 말은 무엇일까요?

① 칼라디움　　② 칼리스토　　③ 카리스마　　④ 칼리프

11 팔레스타인 지역에서 영토 문제로 갈등을 겪는 두 나라를 찾아봅시다.

① 이라크 ↔ 쿠웨이트
② 이란 ↔ 바레인
③ 사우디아라비아 ↔ 예멘
④ 팔레스타인 ↔ 이스라엘

12 '평화의 도시'라는 이름답게 이슬람교와 유대교, 크리스트교의 모두의 성지인 도시는 어디일까요?

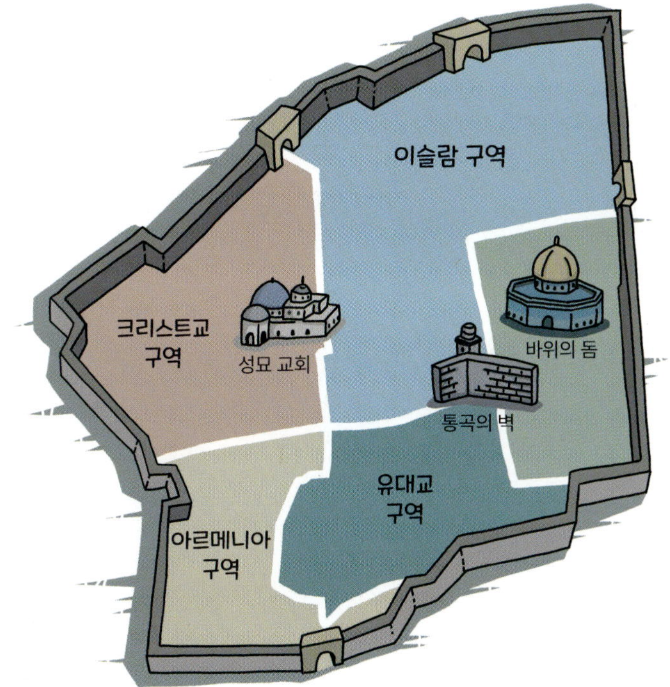

① 로마　　　② 예루살렘　　　③ 메카　　　④ 메디나

도전 세계사 놀이 퀴즈·정답 따라가기

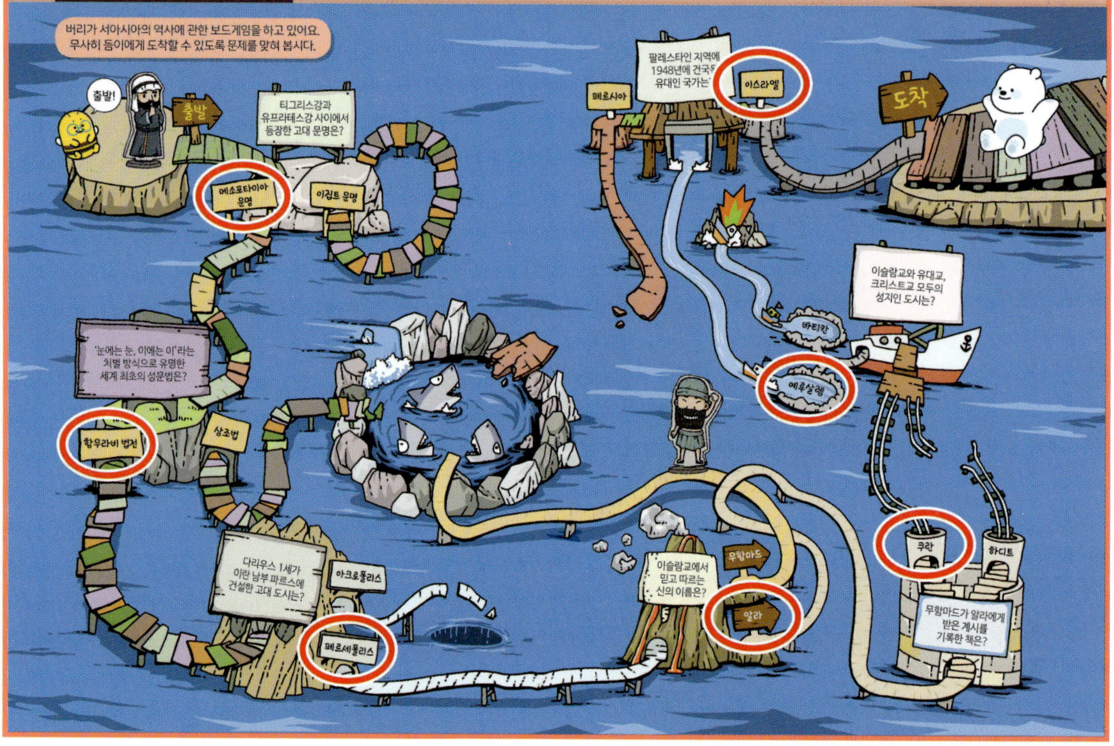

도전 세계사 놀이 퀴즈·지도에 표시하기

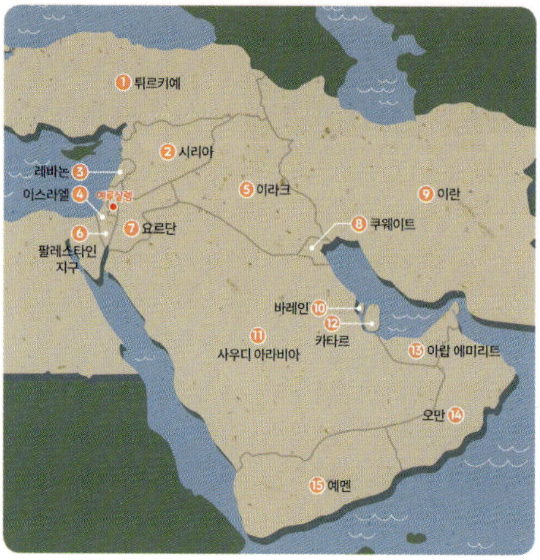

① 튀르키예	② 시리아	③ 레바논	④ 이스라엘
⑤ 이라크	⑥ 팔레스타인 지구	⑦ 요르단	⑧ 쿠웨이트
⑨ 이란	⑩ 바레인	⑪ 사우디아라비아	⑫ 카타르
⑬ 아랍 에미리트	⑭ 오만	⑮ 예멘	

도전 세계사 놀이 퀴즈·사다리 타기

❶ 답 메소포타미아 문명

메소포타미아 문명은 서아시아의 티그리스강과 유프라테스강 유역인
메소포타미아 평원에서 일어난 문명이다.

❷ 답 ②

함무라비 법전은 고대 바빌로니아 제1왕조 제6대 왕인 함무라비가 기원전 1750년경 제정한
세계 최초의 성문법이다. '눈에는 눈, 이에는 이'라는 처벌 방식으로 유명하다.

❸ 답 ①

페르세폴리스는 이란 남부 파르스 지방에 있는 웅장한 고대 도시로,
그리스어로 '페르시아의 도시'라는 뜻이다.

❹ 답 ②

조로아스터교는 예언자 조로아스터가 만든 페르시아의 고대 종교로,
'아후라 마즈다'를 유일신으로 숭배했다.

❺ 답 ④

경주 계림로에서 발견된 보검은 서아시아 지역에서 만들어진 것으로,
신라가 서아시아 지역과 활발하게 소통하고 있었음을 알려 주는 자료이다.

❻ 답 ③

이슬람력 제9월은 라마단 기간으로, 이때는 낮 동안 음식·흡연·향료·이성과의 접촉을 금하고
오직 예배에만 집중한다.

❼ 답 ②

'카바'는 입방체, 즉 정육면체라는 뜻으로, 이슬람교의 예배와 순례의 중심이다.

❽ 답 (나) → (다) → (가)

(가)는 630년, (나)는 610년, (다)는 622년에 일어난 일이다.

❾ 답 ①

이슬람력 제12월은 하주(순례)의 달로, 카바 신전 부근에서 열리는 대제에 참가한다.

❿ 답 ④

칼리파는 이슬람 국가에서 정치와 종교 권력을 모두 가진 지도자를 말한다.
632년 무함마드가 세상을 떠난 뒤 1대부터 4대까지는 선거를 통해 칼리프를 선출했으며
이후 5대부터는 세습되었다.

⓫ 답 ④

1948년, 아랍인들이 거주하던 팔레스타인 지역에 유대인들이 이스라엘을 건국한 이후 지금까지
영토 분쟁이 계속되며 폭력 행위가 끊이지 않고 있다.

⓬ 답 ②

예루살렘은 유대인에게는 민족의식의 원천이 되는 곳이며,
크리스트교도에게는 예수가 고난받고 십자가에 못 박혀 매달렸던 곳으로서 성스러운 장소이다.
이슬람교에서도 무함마드가 승천한 장소로서 신성하게 여긴다.

서아시아

기원전

3500년 메소포타미아 문명 등장

3100년 메소포타미아 지역에서 쐐기 문자 사용

1800년 바빌론을 중심으로 바빌로니아 왕국 건설

1750년 바빌로니아의 함무라비 왕, 함무라비 법전 제정

1020년 히브리인, 이스라엘 왕국 건설

500~401년 예언자 조로아스터, 조로아스터교 창시

400~301년 유대교 형성

559년 키루스 2세, 서아시아 전역 통일하고 아카메네스 왕조 페르시아 제국 건설

539년 키루스 2세, 바빌론 함락

518년 페르시아 왕 다리우스 1세, 페르세폴리스 건설

330년 페르시아 제국, 마케도니아의 알렉산드로스 대왕에 의해 멸망

기원후

610년 아라비아의 예언자 무함마드, 이슬람교 창시

622년 무함마드, 박해를 피해 메디나로 이주(헤지라)

630년 무함마드, 성지 메카로 돌아옴

661년 무아위야 1세, 세습 칼리프 왕조인 우마이야 왕조 수립

1948년 유대인, 이스라엘 건국 아랍 국가들과 이스라엘, 제1차 중동 전쟁

1988년 팔레스타인 해방 기구 분리 독립 선언

1993년 이스라엘과 팔레스타인 해방 기구, 오슬로 평화 협정 체결

1994년 야세르 아라파트 노벨 평화상 수상

쐐기 문자

함무라비 법전 비석

노벨 평화상을 받은 아라파트

세계사	한국사
기원전	**기원전**
2500년 인더스 문명과 황허 문명 등장	2333년 고조선 건국, 8조법 시행
1600년 고대 그리스 미케네 문명 등장	57년 신라 건국
600~501년 인도의 석가모니, 불교 창시	37년 고구려 건국
431년 펠로폰네소스 전쟁	18년 백제 건국
323년 헬레니즘 문화의 등장	**기원후**
기원후	676년 신라, 삼국 통일
476년 서로마 제국 멸망	698년 발해 건국
962년 신성 로마 제국 탄생	918년 왕건, 고려 건국
1095~1291년 십자군 전쟁	1281년 승려 일연, 〈삼국유사〉 편찬
1299년 오스만 제국 성립	1392년 조선 건국
1526년 인도, 무굴 제국 성립	1443년 세종 대왕, 훈민정음 창제
1536년 칼뱅, 종교 개혁 시작	1592년 임진왜란 발발
1945년 국제 연합(UN) 창설	1897년 대한 제국 성립
1980년 이란·이라크 전쟁	1919년 3.1 운동, 대한민국 임시 정부 수립
1990년 독일 통일	1940년 한국광복군 결성
1991년 소련(소비에트 연방) 해체	1980년 5.18 민주화 운동

사진 출처

35 **함무라비 왕** | 위키피디아 ⓒShonagon

51 **함무라비 법전 비석** | 위키피디아 ⓒMbzt
함무라비 법전의 쐐기 문자 | 위키피디아 ⓒfer 5.21

52 **통곡의 벽** | 위키피디아 ⓒMaarten van der Bent

79 **다리우스 1세** | 위키피디아 ⓒLeen van Dorp

84 **페르시아 제국 금화** | 위키피디아 ⓒDeflim

136 **무아위야 1세** | 위키피디아 ⓒCNG Coins

164 **야세르 아라파트** | 위키피디아 ⓒGideon Markowiz(IPPA)

185 **성묘 교회** | 위키피디아 ⓒGerd Eichmann
통곡의 벽 | 위키피디아 ⓒDavid King
바위의 돔 | 위키피디아 ⓒAndrew Shiva

198 **노벨 평화상을 받은 아라파트** | 위키피디아 ⓒSaar Yaacov, GPO
함무라비 법전 비석 | 위키피디아 ⓒMbzt
함무라비 법전의 쐐기 문자 | 위키피디아 ⓒfer 5.21